院長、スタッフ、患者さんも快適！

歯科医院の ラクわかり経営学

『アポロニア21』編集部
イラスト・電肉ぼうや

1章　繁栄に向かうヒント33

2章　「自分らしい経営」を手に入れる11の選択

3章　コンサルタント12人に聞いた成功院長の共通点

日本歯科新聞社

はじめに

　たくさんの開業医、関係職種、他業界の方々から学んだ「快適に歯科医院を運営していくための知恵」を集結して作ったのが本書です。

　自然に頭に残るよう、できるだけエッセンスを絞り、シンプルに、そして楽しく読めるように心がけました。

　開業医の先生は、技術の研鑽だけでなく、医院のアピール、スタッフ管理、感染対策、設備・器材への投資、金融機関との交渉などなど、やるべきことが山盛り。

　「もっとがんばらなきゃ！」と無我夢中で走り続けていれば疲弊するのは当然で、周囲までもが振り回されてしまいそうです。

　「歯科医院の経営」という長距離走を続けるためには、どこに力を入れて、どこで休んで、どこの部分について周囲に協力してもらえばよいのかを知ることが大切です。

　がんばること・がんばらないことの2つがセットになって初めて、自分、スタッフ、患者さん全ての快適につながるのではないでしょうか。

第1章は、『アポロニア21』の取材や書籍の制作を通して学んだ、医院運営を快適にする中長期的な知恵を、読みやすいエッセイ形式で紹介。楽しい動物のイラストも添えました。

　第2章は、診療体制づくりで迷うような代表的な11テーマを取り上げ、「どちら（どれ）を選択すれば、自分らしい医院をつくれるか」のヒントを紹介。

　第3章は、経営コンサルタントら12人に、「成功の定義」や「成功院長の特徴」についてあらためて示していただきました。

　歯科医院経営・総合情報誌の月刊『アポロニア21』は、1995年の創刊以来、「そもそも経営って？」「開業医にとって必要な知識は？」などについて模索し続けてきました。

　そのエッセンスを集約した本書を通し、それぞれの先生が「自分らしい医院づくり」を実現し、そこに合ったスタッフ、患者さん、サポーターが集まり、それぞれが快適な生活を手に入れる場となることを願っております。

日本歯科新聞社
『アポロニア21』副編集長
水野麻由子

歯科医院のラクわかり経営学

1 繁栄に向かうヒント33

〔1〕コミュニケーション

1. 信頼は「押し」より「引き」と相性が良い　10
2. 信頼は視覚から始まる　12
3. 届くあいさつ、届かないあいさつ　14
4. 「ごめんなさい」より「ありがとう」　16
5. 「怒鳴り貯金」の威力　18
6. ほめる・聴くは、究極のリスク管理　20
7. スタッフに相談できる関係性をつくろう！　22
8. 「訴えるぞ！」と言われたら…　24

〔2〕マーケティング

1. ブランディングって何だ!?　26
2. ホームページに顔写真はなぜ必須？　28
3. ちょっと待った、そのSEO対策！　32
4. 名刺の実力をあなどるなかれ　34

〔3〕院内システム

1. その責任は誰が取る？　36
2. チーム力を上げるには？　38
3. 飲み会と揉め事の関係　40

〔4〕経営者心得

1. 経営のゴールは、急上昇より継続　42
2. 開業時のコストは叩かず、抑えるもの　44
3. 君子危うきに近寄らず　46
4. あなどれない教育費の負担　48
5. 「おいしい話」は本当においしい？　50
6. 好事魔多し　52
7. 得を追求すると、もれなく幸せは遠ざかる　54
8. 心身と経済のエコ計画　56
9. 個別指導の通知が来たら！　58
10. 借金苦からの究極の脱出法　60

〔5〕自己管理

1. 体調管理は、経営者の仕事なり　62
2. その怒りにはさらに原因が？　64

3.「やる気」のエネルギー漏れてます！　66

4.掃除は身を助ける　68

5.ストレス解消の裏技　70

〔6〕親子継承

1.「子息に残したい」親心の罪　72

2. 医院を継いだ若院長のはじめの一歩　74

〔7〕夫婦問題

1.「離婚」の二文字が浮かんだら…　78

2 「自分らしい経営」を手に入れる 11の選択

1.「大型医院」vs「多院展開」vs「小規模医院」　84

2.「公認会計士・税理士」vs「経営コンサルタント」　94

3.「事務長いる」vs「事務長いない」　100

4.「保険の補綴」vs「自費の高額補綴」　104

5.「インプラント」vs「自費ブリッジ」　106

6.「院内技工」vs「外注技工」　110

7.「マニュアル肯定派」vs「マニュアル消極派」　114

CONTENTS

8.「ドクター 担当医制」vs「ドクター 担当なし」 118

9.「ネット通販」vs「ディーラー」 122

10.「勤務医 雇用契約」vs「勤務医 業務委託」 128

11.「歯科医師会 加入」vs「歯科医師会 加入せず」 132

3 コンサルタント 12 人に聞いた 成功院長の共通点

1. 伊藤日出男　138

2. 伊藤　祐子　140

3. 岩渕　龍正　142

4. 小畑　　真　144

5. 小原　啓子　146

6. 木村　泰久　148

7. 今野　賢二　150

8. 坪島　秀樹　152

9. 鶴岡　克人　154

10. 永山　正人　156

11. 濱田真理子　158

12. 宮原秀三郎　160

Chapter 1 繁栄に向かうヒント33

〔1〕コミュニケーション
〔2〕マーケティング
〔3〕院内システム
〔4〕経営者心得
〔5〕自己管理
〔6〕親子継承
〔7〕夫婦問題

イラスト
電肉ぼうや

コミュニケーション

信頼は
「押し」より「引き」と
相性が良い

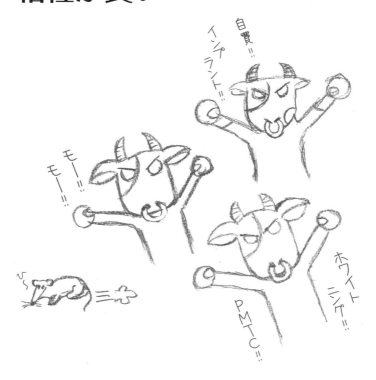

「やっぱりいい材料の方が、長持ちしますよ」
「断然インプラントにした方が、見栄えがいいですよ」

前に押せば押すほど、
患者さんの身体とココロは疑心暗鬼になる。

「奥歯は見えないし、軟らかい材料がいいので、
保険の治療で大丈夫だと思います」とか、
「インプラントを長持ちさせるためには
メインテナンスをがんばる必要があるんです。
よく考えて決めてくださいね」
と言ってくれる先生の方が信頼される。

この法則を教えてくれたのは、たくさんの患者さん。

一歩引ける自分になるためには、
自信をつけるのが早道。

コミュニケーション

信頼は視覚から始まる

感染対策をきっちりしている医院でも、
ワークテーブルがごちゃごちゃしていたり、
ユニフォームに染みがあったり、
待合室の本が傷んでいたり、
洗面台が汚れていたり、
植木鉢が汚れていたりすると、
「感染対策もいい加減そう…」と思われる。

視覚情報は、人の心を大きく左右する。
まして口の中に器具を入れる歯科の清潔度には敏感。

多くの歯科医院を改善してきた女性コンサルタントは、
「自分が患者さんになったつもりで、
玄関から入って、受付に行き、待合室に座って…
をすると気づくことがいっぱいあるので、お勧め」
とのこと。

【関連書籍】
『人は見た目が9割』竹内一郎（新潮社）
『女性コンサルタントによる歯科医院改善入門』大橋あゆみ（日本歯科新聞社）

コミュニケーション

届くあいさつ、
届かないあいさつ

よそ見しながら、おじぎしながらの「こんにちは」は、
床に落ちて吸い込まれてしまう。
特に耳が聞こえにくい高齢者には届かない。

「言葉は視線の先に届くものだから、
相手の顔をしっかり見てあいさつすること」と、
世界的におもてなしの評価が高いホテルの教育係。
笑顔もプラスすれば、自然に声のトーンが上がり、
相手に安心感も与えてくれる。

パフォーマンス心理学の研究者によると、
人への好意の決定要素は、
「顔の表情60％」とのことなので、
もちろんマスクも外して…。

あいさつが変わるだけで、
医院のイメージは大きくアップする。

【関連書籍】
『医療スタッフのための美しいしぐさと言葉』石井孝司、北原文子、伊藤美絵／『歯科医院のためのパフォーマンス学入門』佐藤綾子（日本歯科新聞社）

コミュニケーション

「ごめんなさい」より「ありがとう」

ごめんなさい・すみませんは、
「許しをちょうだい！」と相手に請うこと。

ありがとうは、相手への感謝を差し出すもの。
「請われるより、もらった方が、
気持ちが良いでしょ」と
女性カウンセラーが教えてくれた。

誰かを怒らせてしまった時には、
合間に、
「そのような率直な意見をいただくと、
こちらも勉強になります」
「いつも○○さんのそういうところが
すごいと思っています」と、
感謝や称賛の言葉を入れてみよう。

たちまち雰囲気は改善していく。

コミュニケーション

「怒鳴り貯金」の威力

ピンチに立たされたとき、地位を失ったとき、
「相談できる人がいない！」
「誰も助けてくれない！」と感じたら、
それは、今までの怒鳴り貯金や、
周囲への無関心貯金の威力。

「困ったときに、スタッフ、家族、周りの人が
助けてくれた！」という人は、
思いやり貯金を積んできた人。

入院したとき、被災したとき、
揉め事が起きたときに助けてくれるのは、
- 家族
- 学生時代の部活動の仲間
- 歯科医師会や保険医協会の役員を一緒に務めた仲間
- スタディグループの仲間
- 懇意にしていたディーラーさん
- 地域活動をともにした弁護士や税理士

だったりするらしい。

1-6
コミュニケーション

ほめる・聴くは、
究極のリスク管理

「朝、来たら、スタッフ全員辞めていた」
「転院した患者さんから、訴えられた」
こんな悪夢を経験した院長は、案外少なくない。

「スタッフをほめると、自分が損する」
「患者さんには一方的に指導するのが医療者の仕事」と
思い込んでいる院長がいる。

「自信がない」「どこか後ろめたい」先生ほど、
スタッフや患者さんにきつい口調で対応している。

ほめられて、一斉に辞めるスタッフはいない。
ちゃんと話を聞いてもらえば、患者さんも訴えない。

患者さんやスタッフの話を聞く際、
相槌を打つ、せりふを繰り返す、メモを取る……で、
「ちゃんと聞いてもらえている！」と伝わる。

【関連書籍・記事】
『アポロニア21』2016.3「パワハラ、マタハラ、セクハラを予防するコミュニケーション術」内藤紗弥花 VITA
『事例に学ぶ・歯科法律トラブルの傾向と対策』小畑真（日本歯科新聞社）

1-7
コミュニケーション

スタッフに相談できる関係性をつくろう！

院長だからといって、
賢者のように解決策を常に出す必要はない。

たまにはスタッフの言葉にも耳を傾け、
まずはそれぞれの気持ちや立場を十分踏まえてから、
現場の不満や悩みを
素直に相談・共有できるような関係を構築したい。

院長自らスタッフに相談し、
信頼を託すのもあり。

口では意見を言わないスタッフも、
「○○の問題について、
解決の糸口（ヒント）になりそうなことを
書いてください」と、シートを回覧してみると、
「へー」と思えるようなアイデアをくれることも。

【関連記事】
『アポロニア21』2016.9「女性スタッフが辞めない組織づくり」響城れい
『アポロニア21』2017.05「女性脳と男性脳の違いを知る」Namiko★オフィス
ウェーブ／『アポロニア21』2015.06「医院での恋愛トラブル」石津貴代

コミュニケーション

「訴えるぞ！」と言われたら…

「訴えるぞ！」の言葉を聞けば、
誰もが冷静でいられなくなるもの。

この時の、売り言葉に買い言葉の言動が、
致命的な命取りになる。

お金でその場を収めようとすれば、
クレーマー扱いされたと気分を害することもあるし、
さらなる金銭要求につながったり、
陰のルートで噂を聞きつけたクレーマーに、
目をつけられたりすることもあるので要注意。

まずは、真摯な姿勢で話をよくよく聞くこと。
明らかなミスには謝ること。

そして、一旦、間を取って、周囲に相談することが賢明。
気軽に相談できる相手をつくっておくと安心。

【関連書籍・記事】
『歯科医院のクレーム対応術』関根眞一（日本歯科新聞社）
『アポロニア21』2010.10「もし医事紛争になったら？」高山史年

2-1
マーケティング

ブランディングって何だ!?

医院のブランディングは大事である。
で、ブランディングって？

「私の通っている歯医者さんって、
子どもの扱いが上手だから、子どもも喜んで通ってるの」
「私の通っている歯医者さんって、とにかく痛くないし、
怖いと思ったことが一度もないの」
「私の通っている歯医者さんって、
噛み合わせを考えて矯正治療をしてくれるから、
前より噛みやすくなったの」

そんな話を聞いた人が、
「良さそうだから、私も行って見ようかな」
「私はそこには合わないな」ってわかれば、
良いブランディングが出来ている証拠。

診療スタイルの差別化に
費用と時間をかければ、
隣に医院が出来てもおそれずに済む。

マーケティング

ホームページに顔写真はなぜ必須？

「私の歯医者さん、いいわよ」と勧められた人は、
まずホームページをチェックする。
「どこにあるの？」
「院長先生ってどんな人？」を見たいから。

求人広告を見た人も、
「上司になる院長はどんな人？」をチェックする。
顔写真が載っていなければ、
その医院は候補から外されてしまうともいう。

スーツ姿は「権威」を、
きさくな笑顔は「親しみやすさ」を強調する。

何を前に出すかは院内で話し合いたい。

コラム　ブログに何を載せるべき？

歯科医院のブログの目的は、患者さんや求職者に、以下のことを伝えることが目的となる。

① **医院の雰囲気を感じてもらう**
② **診療メニューやイベントなどの情報を通し、独自色を伝える**
③ **院長やスタッフの学びの姿勢を伝えることで信頼感をアピールする**

内容としては、「患者さん向けのイベント」「スタッフ勉強会」「院長の学会等の参加報告」「新しい診療メニューのお知らせ」「近隣の飲食店紹介」などを掲載することが考えられる。

これはNG！

✕ 更新が最優先となり、つまらない情報もアップ

なるべく情報を絞り込んだ方が、イメージが低下せず、読み飛ばされずに済む。

✕ 患者さんが特定されるような情報をアップ

トラブルに発展する可能性があるので細心の注意

を。院内イベントなどの写真を使いたい場合、事前に断るか、後姿の写真を使うなどの配慮を。

✕ 現実とつじつまが合わない情報をアップ

「院長が学会参加のため休診します」と医院に張り紙をしておきながら、ブログで社員旅行の報告などをしては、患者さんの信頼を失いかねない。院内の行事について書く際には、くれぐれも注意を。

✕ 院長のゴルフや宴会風景をアップ

「歯がものすごく痛くて電話したところ休診日だった。ブログを見たら、その日、院長がゴルフをしていたことがわかった。休みの日だから何をしてもいいのだが、何となく気分を害した」などと患者さんを不快にさせてしまうことがあるので、遊びについての書き込みは極力避けること。

2-3

マーケティング

ちょっと待った、そのSEO対策！

「検索に引っかかりやすいから」
「今、流行だから」といった理由で、
たいしてスキルもない治療を
ホームページに掲載するのはNG。

患者さんから、その治療の希望が出た際、
スタッフがどぎまぎし、
ドクターも目を伏せがちに応対したら、
どんな印象を持つだろう？

かえって患者さんの信用を失うことになってしまう。

ホームページの検索に引っかかりやすくするより、
自信を持ってアピールできるポイントに絞ろう。

マーケティング

名刺の実力を
あなどるなかれ

名刺に書かれているのは、
名前と医院名と住所だけ？

裏に、医院のコンセプトや所属学会、
地図を入れることを勧めているのは、
商店主専門のカウンセラー。

地域活動でもPTAの場でも、
「へー、痛くない治療を目指しているんですね」
「ずいぶん、勉強されているんですね」
「やっぱりインプラントっていいんですか？」
なんて聞かれたら、成功。

自分ががんばるより、
名刺に営業を託した方がこっちも相手もラク。

院内システム

その責任は誰が取る？

問題発生！
さあ、その責任は誰が取る？

たくさんの医院のシステムづくりに関わった
女性コンサルタントによると、
「言いだしっぺ（発案者）」でなく、
「決めた人（決定する権限を持つ人）」が
責任を取るべき人だという。

院長が決めて、
スタッフが責任を取るっていうのはナシ。

院長だけで決めて、
院長夫人がお金を出すっていうのもナシ。

「権限と責任は裏表」ということは、
ビジネスの場でも、家庭でも使える大原則。

3-2

院内システム

チーム力を
上げるには？

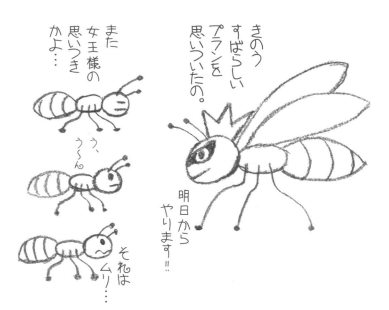

院長の命令の下に、全てのスタッフが動く医院は
みんなのあこがれ。

でも、もっと素晴らしいのは、
院長の命令以上にみんなが考えて動く医院。

チーム力を上げるには、
みんなで決めたことを増やしていけばよい。

「自分で決めた方が早いのに」という気持ちを
グッとこらえてミーティングで話し合い。

もちろん失敗もある。
思いも寄らぬ結論に驚かされることもある。
そのうち「予想外」の展開を楽しめるようになってくる。

院長の気づかない視点、院長の持っていない能力、
スタッフがそれを発揮すれば、
医院は院長の実力以上に大きくなれる。
それがチーム医療の原点。

3-3
院内システム

飲み会と揉め事の関係

勤務医、スタッフの飲み会が多い医院は、要注意。

「1」の不満を３人で出し合うと、
不満は３どころか10にも20にも膨れ上がり、
長所も短所に変換され、
たちまち医院は不満いっぱいの場所に
認定されてしまう。

プライベートのつき合いが多くなると、
「あの人は嫌いだから、サポートにはつきたくない」
という個人的な感情も大きな顔をし始める。

あるPTAの会長が、
「今まで毎年、父兄がもめていたらしいが、
私が会長になって、
PTAの集まりの後の飲食をいっさい禁止にしたら、
父兄がもめなくなり、先生に驚かれた」と教えてくれた。

院長不在の飲み会は、
ほどほどに抑えた方がよさそうだ。

4-1
経営者心得

経営のゴールは、急上昇より継続

「経営を考える＝魂を売る」と勘違いし、
「手段を選ばず儲けること」に走る院長、
走らせるコンサルタントが案外多い。

ムリな「集患」「保険請求」が育てるものは、
院長・スタッフ・家族の心のひずみ。

本来の力量を超えて急上昇した経営は、
たいがいジェットコースターのように、
急下降してTHE END。

医院を繁栄させる根っこは、
 1. 患者さん、スタッフらを信頼し、信頼されること
 2.「この治療は任せてください」「その治療については他の先生を紹介します」と言える環境をつくること
 3. 自分（院）の得意なことを客観視して、周りにも知ってもらうこと

4-2

経営者心得

開業時のコストは叩かず、抑えるもの

開業時、
取引先に「徹底した値下げ合戦」を強いている先生は、
自分の足を食べるタコのようなもの。

数年で経営破たんした先生には、
「経営にかげりが見えた瞬間に、
ディーラーや技工所にそっぽを向かれた」という
共通点があるとのこと。

ある歯科医師会の役員は、
「ユニット台数が多く、
診療機器にコストをかけすぎている若手の先生が
2年ぐらいでダメになるケースが多い」という。

「最新の器材を入れれば、患者さんが集まるはず」
「同級生より良い器材を入れれば、成功者になれるはず」
…そんな根拠のない思いを止めるのが、一番難しい。

周囲にムリを強いるのではなく、分相応の設備や器材を
見極めることから始めたい。

経営者心得

君子危うきに近寄らず

日本歯科医学会の調査では、
インプラント経験のある歯科医師のうち60.8%が
「トラブルを経験したことがある」と答えている。

収益向上を目的に、
安易にインプラントを始めた開業医が増えた時期、
歯科医師賠償責任保険の損害率が大幅に悪化した。

高齢化に伴い増加している診療トラブルは、
補綴物・修復物の誤飲事故。

高齢者の治療に自信が持てないという院長は、
意識してエレベーターのない
2Fのテナントを選んだという。

「ハイリスクな治療に手を出さない」というのも、
経営安定のためのひとつの考え方。

【関連書籍・記事】
『インプラントのメリット・デメリット』日本歯科新聞社編／『アポロニア21』
2016.2「歯科医賠の現場から見た診療トラブル」日本保険マネジメント㈱

経営者心得

あなどれない
教育費の負担

順調に経営が上向いていても、
一人年間100万〜800万円の「子どもの教育費」は
開業医に予想外のダメージを与えることがある。

住宅ローンは覚悟していても、
小学校に入る前からスタートする
習い事、塾などの費用・学費負担は、見落としがち。

「一人目が私立歯科大学に入りました。
ここまでは何とかなったのですが、
2番目の子も歯学部に入りたいと言ってきたら
どうしようかと、今から心配です。
親として、おまえはダメだと言えないでしょう……」と、
頭を抱えていた先生もいる。

開業と同時に、教育費備えの必要性を理解しておきたい。

【関連記事】
『アポロニア21』2013.01「開業医の人生プラン」齋藤忠（日本歯科新聞社）

経営者心得

「おいしい話」は本当においしい？

「絶対に損しない、いいお話があるんです」
と言われれば、誰でも疑う。

しかし、話を聞けば、「あの人の紹介だから…」
「確かに説得力があるなあ」と、
この話だけはホンモノではないかと思えてくる。

最初だけ本当に儲けさせてくれることもあり、
ますます信用して大きな被害に遭うことがあるので
要注意。

ただし、
そのお金が返ってこない覚悟ができていれば、
「おいしい話」に乗ってみる権利はある。

「だまされやすい人は、何度でもだまされる。
だまされやすい人の家の
水道メーターに印をつけておき、
仲間内で順番にだます」と言っていたサギ師もいる。
一度だまされた人は、心してかかろう。

経営者心得

好事魔多し

患者さんが増え、スタッフも安定し、
開業時の借金も返済し終え、
経営者として自信が持てた頃の落とし穴……。

金融機関からは、「いい条件でお貸ししますので、
設備投資をして拡大してみてはいかがですか？」

出入りのディーラーやコンサルタントからは、
「安く売りに出ている歯科医院があるんです。
先生の実力なら、分院を持ってもいい頃では？」

同級生にうらやまれ、地元の名士にも一目置かれ、
服装、車、飲食にかける費用は、急上昇。

返済が苦しくなってきても、生活水準は落とせない。

「拡大して縮小」という人生のイメージが、
落とし穴に落ちないためのブレーキになる。

【関連書籍】
『歯科医院経営の黄金律』齋藤忠（日本歯科新聞社）

4-7
経営者心得

得を追求すると、
もれなく幸せは遠ざかる

「損をしたくない！」
そんな思いで生きている人の
5年後、10年後を見てみてほしい。

・少しでも良い条件の職場に移っていくスタッフ
・ネットを駆使して、常に安い買い物をしている人
・「自分の権利」を余すことなく主張する人
…なぜか、みんな幸せから遠ざかっている。

メディアの立場で長年歯科界を見ていると、
この法則に気づいてくる。

目の前の得を追求するために使うエネルギーは、
案外大きくて、
「自分の成長」「周囲との関係づくり」には、
エネルギーが回らないようだ。

目の前の患者さん、スタッフ、家族、友人、
趣味の時間を大切にすると、損得は気にならなくなる。

4-8

経営者心得

心身と経済のエコ計画

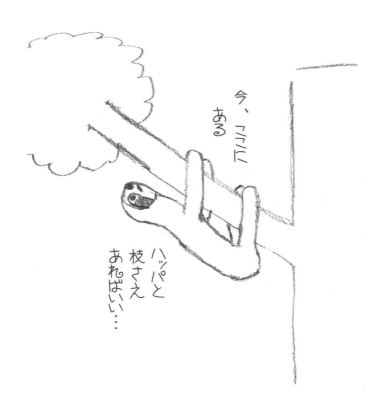

「患者さんが勝手なことばかり言ってくる」
「スタッフが思い通りに動いてくれない」
そんなことにいつもカリカリして心がすり減っている。

「新しい高級外車がほしい」
「周りがうらやむあの高級時計を手に入れたい」
と、お金は出て行く一方。

ボランティアや地域活動に精を出し、
「政治が変わらないと世の中は良くならない」
「診療報酬が上がらないと良い医療が提供できない」と、
周囲を啓蒙することに力を砕いている。
自分の診療には、集中できていない。

「今、ここにいる自分の実力」を認め、
等身大の自分の根っこを成長させるためにエネルギーを
使うと、無駄がなくなり実りも多くなる。

経営者心得

個別指導の通知が来たら！

「ついに！」の通知が来てしまったら、
一人で抱え込まないこと。

老舗ディーラーの社長いわく、
「個別指導がもとで命を絶ってしまうのは、
本音の悩みを相談できる知り合いがおらず、
周りに弱みを見せられないタイプが多い」とのこと。

雪だるま式に膨らんだ見栄は、
人生から「命綱」を遠ざけてしまうらしい。

「個別指導で助けになったのは？」への答えは、
保険医協会、レセコン会社、歯科医師会などが多い。
弁護士帯同の是非については賛否あるが、
理不尽な噂の絶えない技官には効果が期待できるか。

助けてもらうことの重要性を知っておこう。

【関連書籍・記事】
『歯科医師のためのTHE 指導・監査』日本歯科新聞社 編（日本歯科新聞社）
『アポロニア21』2016.5「個別指導に負けるな」真田ゆきお

4-10

経営者心得

借金苦からの
究極の脱出法

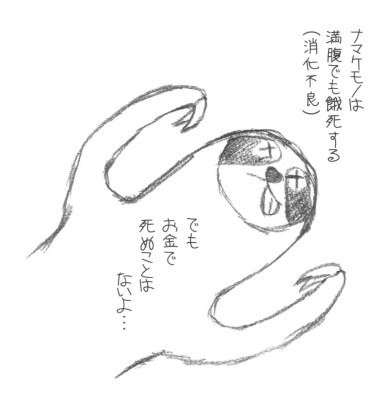

経営破たん寸前の会社を救ってきた
コンサルタントによると、
雪だるまのように借金が膨れ上がってしまったとき、
　① 金融機関から借りたお金
　② 友人や親戚から借りたお金
　③ スタッフへの給与
のうちの返済先の優先順位は、
「その後の人間関係に影響する順」だという。

倒産も破産も必要なし。金融機関には、
「今は○○円しか返済能力がない。何年かかっても返します」という誠意を文書にして送ることが大切。
家計簿の写しやうつ病の診断書をつけるとなお良い。

これを知って、命を絶つことを思いとどまり、
見事に医院を立て直した開業医もいる。
危機を脱出したら、
謙虚に出直す覚悟が本当の再生のスタートとなる。

【関連書籍・記事】
『倒産させない』中島寿一（ワニブックス）
関連記事『アポロニア21』2009.12「倒産・破産は避けられる！」中島寿一

5-1

自己管理

体調管理は、
経営者の仕事なり

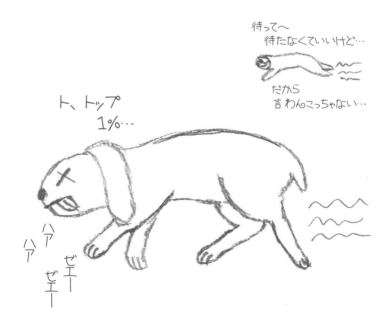

がんばることは美徳だけれど、
「がんばりすぎることは院長失格」を自覚すべし。

ユニットの故障より、
院長の故障の方が医院には大打撃。

「体調管理の大事さは、
院長の健診費用だけは経費で落とせることが、
証明しているでしょ？」と大型医院の院長。

不思議なことに、アクセルを踏むより、
自分にブレーキをかける方が力が必要。

元気が残っているうちに、ブレーキを踏んでおこう。

5-2
自己管理

その怒りには
さらに原因が？

「ちゃんと用意しておくように言っただろう!」
スタッフの不手際を、
患者さんの前で怒鳴ってしまった…。
患者さんの帰る姿が硬直している。

アンガーマネジメントができないとき
必ず何かの原因がある。

「何でわかってくれないんだ!」
(→指示の仕方やタイミングがうまくいっていない)

「なぜオレは患者さんのいる所で……」
(→余裕がない、疲れている)

なんて具合に……。

根本原因を解決すれば、
怒鳴る必要はなくなる。

5-3
自己管理

「やる気」のエネルギー漏れてます！

「何もしていないのに、疲れる」と口にする人は、
知らぬ間に、
「スタッフの問題」「家族の問題」
「資金繰りの問題」「将来への不安」などに、
エネルギーが漏れ続けている。

多職種の経営者や政治家をサポートしている
カウンセラーが勧めてくれたのは、
「呼吸に意識を集中する、楽しいことで心を満たすなど、
時には意識して思考のコンセントを外してみること」。

「自分は何にこんなにイライラしているのか？」
「それは解決できるのか？」と、
自分にしっかり問う時間をつくるのもよい。

「気持ちがスッキリして、やる気が出てきた！」
という感覚になったら、
明日もまたそんな時間を持とう。

5-4
自己管理

掃除は身を助ける

新しいもの好きな院長の机の上には、
短期間で興味を失った資料が積み重なっている。

「未来への期待」が、
いつの間にか「単なる場所ふさぎ」に…。

「本当は何に使える(使いたい)スペースか」を考えると、
いらない物が見えてくる……とは、
整理収納アドバイザーのアドバイス。

いらない本や資料を捨てると、「本当にやりたいこと」
「これから必要な物」が見えてくる。

「院長室がきれいになったら、院長の表情も
明るくなった」と、スタッフからの評判も良くなる。

掃除は魔法!

【関連書籍・記事】
『アポロニア21』2017.07「他業界からのメッセージ　整理収納アドバイザー」大熊千賀

5-5
自己管理

ストレス解消の裏技

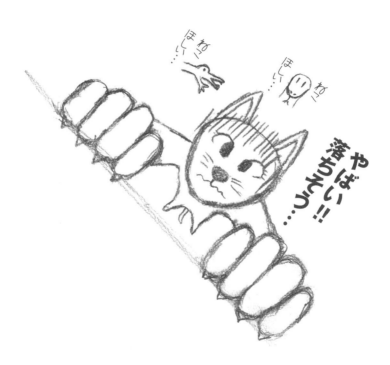

医院・家庭の悩みに押しつぶされそうなとき、
お酒やタバコは案外助けにならない。

ころびそうな山道を歩いたり、
方向がよくわからない街を歩いたり、
食べ物にありつけるかどうか不安な状況に置かれたり、
生命保全に関わるような危機に直面すると
心は悩み事を放り出し、
生き残るために五感を総動員する。

このような、瞬間的な生命保全のストレスで、
日常の持続的なストレスを吹き飛ばすという裏技を
心身医学の専門家が教えてくれた。

持続的なストレスに悩まされるのは、
「生命の危機」との遭遇が少ない
現代人特有のものらしい。

【関連記事】
『アポロニア21』2005.12「歯科医療における心身医療の重要性」小野繁

6-1

親子継承

「子息に残したい」親心の罪

子を思う親は、医院を継がせる前に
「良い設備を残してあげたい」
「良いシステムをつくっておいてあげたい」
「良い治療法を教えてあげたい」と思うもの。

残せば残すほど、子息を守れるに違いないという、
愛情いっぱいの親心。

経営者（子ども）の成長に必要なことが、
　・取り返しがつく、若いうちの失敗経験
　・自己責任で選んだり決めたりする訓練
であることがわかれば、親心の勘違いに気づける。

「自分でお金を出す＝責任感」だから、
お金は出すより貸すこと。

かわいい子には、やっぱり旅が必要。

【関連記事】
『歯科医院経営の黄金律』齋藤忠（日本歯科新聞社）

親子継承

医院を継いだ
若院長のはじめの一歩

医院を継いだとき、
若院長のよくある失敗は、次のどちらか。
　① 今までの医院のカタチを無視して新しいものを足し、変なカタチの医院にしてしまう
　②「自分の医院」という気持ちが持てず、医院が劣化するのを他人事として見続ける

原因は、どちらも医院と自分が一体化していないこと。

まずお勧めは、使っていない物・事を捨てること。
今まであった物でも、「これからも使うかな？」
「どこにあれば使いやすいかな？」と選んでいけば、
自分と医院の距離は縮まっていく。

スタッフと一緒に選べば、
スタッフとともに新しい医院になれる。

捨てた分だけ新しい物・事を入れていくと決めれば、
無駄な投資も避けられ、
経営者としての目も養われていく。

コラム　承継問題の悩みは？（自由回答）

継がせる側

- 息子に継ぐか、他の法人に譲渡するかで悩んでいる。譲渡の場合、価額算定の根拠が知りたい
- いつかはリタイアを考えているが、後継者がいない
- 現在50歳。身内に承継者がいない。売却譲渡を除けば、どこかで新規の患者さんの受け入れを制限しなければならないのではないかと考えている
- 承継を言い出すタイミングに悩んでいる。もし拒まれたら、法人化して分院展開するつもりだが、そうなるとタイムリミットは限られている
- 上手な廃業の仕方を検討中。歯科は、子どもに承継させるような仕事ではない
- スタッフの引き継ぎについてはうまくいったと思うが、患者の引き継ぎに関しては今はまだ途中段階
- 息子に承継するか、他の歯科医師に譲渡するか。譲渡の場合、価額算定の根拠について悩むところ

『アポロニア21』2011.03特集「ドクター・アンケート・105人に聞いた承継問題の悩みは？」(n=105)

継ぐ側

- 現在、大学院生だが、親の年齢を考えると、臨床経験の積める所で早めに修業を始めないと…
- 承継しても新規開業扱いとなり、経営面ではメリットが少ないのに、個別指導に呼ばれやすく、その場合、前院長の診ていた分のカルテまで出せと要求されると聞く。これでは承継する意味がないと思う
- 夫婦で診療しており、現在は夫が診療の主軸。年が離れているので、徐々に私の領域を拡大する予定
- 当初は継ぐつもりなどなかったが、歯科界の状況が厳しくなってきているので、承継した方が得なのではないかと考えるようになった
- 実家が地元の旧家で、親戚や地域の人からも「継ぐのが当然」という雰囲気で見られるのが困る
- 維持・発展への不安や、すでに出来上がったシステムの上にそのまま座ることへの違和感がある

7-1
夫婦問題

「離婚」の二文字が浮かんだら…

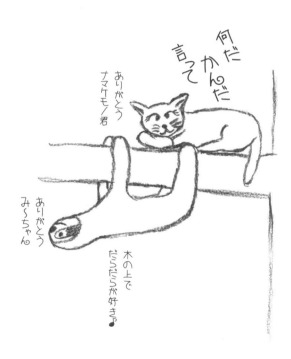

離婚の動機で一番多いのは、
男女ともに「性格が合わない」ということ。

離婚して後悔する理由は、
女性では「周囲の偏見」「経済的困窮」、
男性では「孤独感」「家事ができない」
「子どもに会えなくなる」が多いらしい。

離婚回避のための男性へのアドバイスは、
「おまえがいてくれて助かる！」
「おまえの話は聞いてるよ！（解決策は不必要）」
この２点を言動で示すこと。甘え上手になること。

女性へのアドバイスは、
睡眠にも影響するから、夜のグチは控えめに。
目を見て「お帰りなさい。お疲れさま！」を。
「これを手伝ってくれて助かった！」と、
大げさにでも感謝すること。

【関連記事】
『アポロニア21』2008.10「離婚カウンセラー」岡野あつこ
『アポロニア21』2016.09「女性スタッフが辞めない組織づくり」響城れい

離婚することになったら…

　離婚の場合に問題となる事項としては、
- **親権、養育費**
- **財産分割**
- **慰謝料**

というものが一般的だが、離婚協議に先立って、「夫婦生活のこれ以上の維持が困難である」として別居する夫婦が多いことから、離婚成立までの間、主に生活費を稼いできた側が、相手に対して婚姻費用を負担しなければならない。養育費と同様に、年収が多ければそれだけ比率も高くなる。

　通常、「離婚したい」と思った側から離婚や婚姻費用の調停の申し立てがなされ、調停が成立したり裁判所による審判がなされたりすると、判決と同等の強制力を持つ。この調停や審判の内容通りに支払いをしないと、保険診療をしている開業医であれば、診療報酬請求権の差し押さえを受けることがある。婚姻費用については、客観的に見て低額の支払いしかしていない場

離婚で争われる争点

■ **不倫など自分に責任がある場合**

慰謝料を請求される。不貞事実の程度、年収にもよるが、金額としては高くても数百万円程度。

■ **結婚した後に夫婦で形成した財産**

一方が親から相続し、相手側が財産の形成に寄与していない「特有財産」(＝離婚協議でのみ問題になる)を除く。どこまでが夫婦で形成したかを追うためには、預金通帳や土地台帳などの過去の経緯を確認する必要がある。

■ **子どもの親権と養育費**

子どもの成長にとってどちらが養育するのが妥当かも評価されるため、子どもの年齢が低ければ母親側に親権が認められ、父親が養育費を払うことが多い。

合もあれば、客観的に見れば高額の金額を払い続けているというケースもあるので、法的にどの程度の婚姻費用を支払うべきかは専門的なアドバイスを受けることが必要と考える。

『アポロニア21』2013.01 特集「人生リスクの法的争点」黒嵜隆（弁護士）

Chapter 2
「自分らしい経営」を手に入れる 11の選択

大型医院

VS

多院展開

VS

小規模医院

「成功している院長」と聞けば、「大型化」「分院展開」の文字を思い浮かべるのが普通かもしれない。しかし、異なる規模の院長の話を聞くと、自分に合った規模を模索することが大事と思えてくる。あなたに合うのは？

> 予防型の宿命…

「予防管理型にシフトしたことで、定期来院者が増え、医院の規模が自然に大きくなった」という声が多い。

● **主なメリット**
・複数の歯科医師がいるため心強い
・勤務医がいる状態で診療すると、自分を客観視する良い機会になる
・歯科医師を歯科医師として教育する経験で、自分も磨かれる
・国内外の学会などに出席する時間的余裕ができる。一定期間、勤務医のみでも診療・経営が回るようになると、「学会出席のたびに休診」というリスクがなくなる
・総収入が大きくなれば、開業資金などをより短期間で返済できる

● **デメリット・リスク**
・自分の診療ではなく、周囲への目

配りにストレスがかかる
- お金の出入りの規模が、一般的な歯科医院と比べて桁が違い、億単位の借り入れをすることも
- 規模拡大が続く上、リフォームや設備等の入れ替えでは、規模に応じた経費がかかる(ユニットの交換も、小規模医院なら1台で済むところが、10台分かかるなど)
- 突発的な事象(災害など)によって短期的に収入が落ち込んだとしても、借入返済を含めて膨大な固定費を負わなければならない

● **注意点**
- スタッフ教育をいきなり外部研修に出してしまうと、研修先の歯科医師などを「師匠」と仰ぎ、かえって指示命令系統に支障を来すこともあるので、最初は院内で研修を！

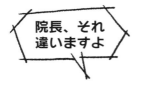

注目される「個人成り」

リタイアする際に問題になるのは一人医師医療法人の扱い。親子承継による法人の継続を除けば、3つの方法が考えられる。

① **歯科医院を閉院する**＝解散して引退（もしくは非常勤勤務医になる）
② **医療法人➡「個人成り」**＝解散して個人診療所として開設
③ **医療法人を売却する**＝他の法人との合併や若手歯科医師へ売却

このうち「個人成り」は、どちらかと言えば、経営状態が収束傾向にある医院にお勧めの選択肢だが、3カ所の医院を運営して盛業中の法人が分院を処分して個人成りし、多額の内部留保を吐き出したというケースもある。収入が上向きの頃に節税対策として法人成りした医院も、収入が減少していけば、法人を解散して財産を整理し、個人事業に戻った方が有利な場合も少なくない。

『アポロニア21』2017.12特集
「医療法人→個人成りのメリットと流れ」黒田めぐみ 他

若手の受け皿に

　経営がうまく軌道に乗ると、ディーラーなどから売り物件の話が持ち込まれることが多い。

　成功の指標として医院の数を競う時代ではなくなっているものの、自力で開業できない若手歯科医師が増えている今、開業や人生設計の意欲が湧かない世代の受け皿となれる医院は必要かもしれない。

● **主なメリット**
・一般的な歯科医師が目配りできるユニット台数（通常4台）で規模を拡大していける
・大型化より初期投資が少なく済む
・本院の経営ノウハウが共有できる

● **デメリット・リスク**
・医院の独自性をアピールしにくい
・忠誠心のようなものが薄れている

時代、分院長クラスのマネジメントに悩まされる
・労使関連のトラブルが出やすい
・内部告発のリスクが高まり、極めて強くコンプライアンス遵守が求められるため、レセプトが薄くなる懸念がある

● **注意点**
・規模拡大＝借り入れの拡大とならないよう注意が必要
・人事管理、システム構築などの高度な能力を持った事務長の存在が必要になる

「医院が5つ」が分岐点？

　ある地域では、「医院が5つ以上になると、乗っ取り屋などから目をつけられるリスクが増す」という噂がまことしやかに流れているという。

個性派に最適

　個性の強い診療を行っている場合、必然的に勤務医は雇いにくい。

　また、「採用が難しい」という理由でスタッフが限られるケースも。

● **主なメリット**

・最大のメリットは、「小回りが利く」「院長の個性をアピールしやすい」「患者さんを絞り込めるので、自費につなげやすい」といったこと

・スタッフ雇用・教育のストレスが少なくて済む

● **デメリット・リスク**

・誰かが病気になると、フォローが厳しい

・設備投資の負担が大きい

・「常勤歯科衛生士」がいないと、算定できない点数項目が増えている

究極の小規模医院事例

歯科衛生士常勤3人体制だったのが、全員退職というピンチに立たされた島村院長。初めて見えた小規模医院の意外なメリットとは……。

●**材料費が減った** 自費以外の印象を歯科衛生士に任せていた頃は、印象の採り直しが少なくなかった。全て自分で採るようになったら一発で決まり、材料代が減った。

また、自分で在庫管理をするようになって、例えばリーマーの60番や70番が一生分あることに初めて気づいた。こういった無駄も最近はなくなった。

●**チェアタイムが短くなった** 歯科衛生士が印象を採っていた頃は、補綴物の調整に時間を取られていた。技

工所の腕が悪いのではないかと疑ったこともあるが、自分で採るようになったらほぼ一発で合うようになった。

●**自費率が上がった**　患者さんを絞り込んだことで、話を聞く時間が増えた。患者さんの悩みに答えていたら、自然に自費が増えていた。

●**診療開始の動きがスムーズになった**　以前は夜遅くまでカルテ書きに追われ、朝は診療開始時間ギリギリに医院に駆け込んでいたため、治療の動きがやや鈍かった。

　診療時間を短くした分、朝は早く到着し、院内外の掃除を終えてからスタートするので、診療開始と同時に即形成が難なくできるようになった。朝早く来院すると、院内のさまざまな改善点などに気づかされ、院長自ら律することの大切さもわかった。

●**アポイントのバランスが良くなった**　受付を自分で担当すると、キツイ治療と比較的楽な治療をバランス良く配分したり、離婚した夫婦がかち合わないようにしたりといった調整がしやすい。また、患者さんの顔色を見て「不安そうだから、もう少しアポ

イントを早めた方がいいかな」とか、「当分来たくなさそうだから、もう少し期間を置くか」といった判断ができる利点もある。

　ちなみに「先生が受付をされるんですか？」と聞かれた際には動揺せずに堂々としていることが大事。

●**ストレスが減った**　「7月、12月はボーナスも出さなければ……」といったことに悩まされずに済むのは、精神的にかなり楽だと感じている。

●**保険診療の厳しさがわかった**　材料費や技工料などはその都度、窓口から現金で支払うようにし、通販で物を買う場合には代引きにしたので、お金の出入りがよくわかるようになった。そのため、保険診療を中心とすることの限界が見え、一方で自費の治療を選択してくれる患者さんのありがたみが身に染みるようになった。

『アポロニア』2009.02特集
「常勤DH3人⇒0人になって見えた！」島村泰行

【関連記事・書籍】
『アポロニア21』2013.03特集「歯科医院経営座談会——最適規模、スタッフ教育、設備投資の本音トーク」荒井昌海、砂盃清、島村泰行
『アポロニア21』2017.07特集「半永久的な新患増加を狙う医院設計」上村英之 他
『倒れる歯科医院3』堀尾芳裕（日本歯科新聞社）

公認会計士・税理士

VS

経営コンサルタント

　「経営指南」をアピールする会計事務所も増え、経営コンサルタント会社との違いがわかりにくくなっている。会社ごとの違いが大きいのも確かだが、それぞれの基本的な役割の違いは押さえておきたい。

公認会計士 税理士

> 税のプロだが得意分野は異なる

コンサルタント的な役割をアピールする会計事務所が増えているとはいえ、あくまでも本来の仕事は、税務申告のサポート。つまり、「接待交際費や福利厚生費の仕分けは妥当か」「家計支出は紛れ込んでいないか」をチェックするなど会計処理の代行、申告書の作成、節税のアドバイスをしたりすることだ。

資金繰りや設備投資、院長のライフサイクルに合わせた長期的な視点でのアドバイス(教育費への備えなど)については、基本的に期待すべきではなさそう。

● **選択ポイント**

個人所得税、法人税、相続問題など、得意分野が異なるため、医療機関のクライアントが多い事務所を選

択したい。

　ちなみに大手の医療チームでは、「経験が浅いと歯科」「経験を積むと医科」などの担当割りがなされていることも。

　極度に安い所はサポートの範囲が限られるなど、事務所によりさまざまなので、複数の事務所の話を聞いて選択することが望ましい。

　脱税スレスレの指南をする事務所を含め、赤字申告になるよう調整を勧める事務所は要注意。必要な時に金融機関から融資を受けられないなどの深刻な問題を招くことがある。

　相続に関しては、相続税法、民法の知識のほか、人間関係の機微への配慮も求められるので、経験数が多い事務所の方が安心。

コラム 「自分で税務会計」のドクターも！

経理の処理法の方針で税理士と対立したため、自ら税務会計業務を行うようになった開業医も。

税理士の顧問料削減効果は大きく、さらには以下のようなメリットが得られたという。

意外なメリット

1. お金の流れをリアルタイムで把握できるようになった

2. 節約すべきところと、節約してもストレスばかりたまって報われないところがわかった

3. お金の使い方について根拠（費用対効果、治療上のメリット、売上との関連）が持てるようになった

4. 決算書が読めるようになった

5. 正しい節税（≠脱税）の仕方がわかるようになった

『アポロニア21』2009.5「開業医による初級お金講座」杉島康義

経営コンサルタント

得意分野や視点がさまざま

「税務代行」「開業支援」「院長家族のライフプラン」「建築内装提案」「人事管理」「スタッフ教育の支援」など、幅広い分野での経営支援のコンサルタントが存在する。

会計事務所のように常にサポートを受け続ける医院は少なく、開業、資金繰りの見直しなど、重要な局面にサポートを頼むケースが多い。

注意が必要なのは、保険商品、建設業者や特定のディーラー、メーカーなどと関連し、コンサルタントが副次的利益を得ている場合。

それ自体問題ではないが、「自分に見合った提案であるか」の見極めが大切。

開業支援では、一定の成功モデルの基に資金繰り、機器選択、HP制作、

内覧会、スタッフ採用などをサポートすることが多いが、誰にでも共通する成功モデルは存在しない。

● **コンサルタント選択のポイント**

① 歯科医師法、医療法、薬事法、健康保険法などを十分理解しているか

　➡何か問題が起きても、コンサルタントの責任は問われないのが普通

②「長期的な視点を持っているか」

　➡短期的成功に特化すると、長期的信頼を失うことが多い

③ コンサルテーションの背景

　➡副次的利益で誘導されるケースがあるので、背景が不明な場合は要確認

【関連記事】
『アポロニア21』2015.07 特集「座談会・会計事務所とどこまで、どう付き合う？」島村泰行、齋藤忠、高橋敦
『アポロニア21』2007.01 特集「経営コンサルタントとのつき合い方」編集部

事務長いる

VS

事務長いない

　医院が大きくなってくると、「そろそろ事務長が必要かな……」と思い始める院長が増えるようだ。
　事務長を置くのに、どこが分岐点になるのかを考えてみたい。

事務長いる

書類作成よりも…

特に、複数の医院を管理する場合、人事管理、システム構築などの能力を持った事務長の存在が必要と言われる。

計算や書類作成だけでなく、経営層とスタッフの意見を調整したり、患者トラブルに対応したりする面でも心強いようだ。

信頼できる人材が探せないなら、システム化された外部の会社に委託するのもひとつの手。

コラム 「事務長（知人）に裏切られた！」

事務長を探していた時に、ちょうど転職を考えていた昔の知人に再会したことから、事務長に抜擢したところ、後にこの事務長による横領が発覚。金銭面より、精神的ダメージの大きさが、経営を揺るがした。

「事務部門があって良かった！」

院長とスタッフが意見対立！

院長が頭ごなしに叱責、命令するよりも、事務長が第三者として仲裁してくれた方が、トラブル報告も早い段階で上がってくる。

事務長＝緩衝材

困った患者さんに対して…

患者さんの遅刻に対し、受付が注意を促した時など、状況を把握した事務部門がルールにのっとった報告を診療室に上げれば、歯科医師は逆に患者さんに優しく接することができる。

スタッフ、各部門、分院への注意

理事長が直接意見を述べると、最終決定となるため反論の余地がなくなる。事務部門が介在することで、他のアイデアが出てくる可能性も。

『アポロニア21』2013.3「歯科医院経営座談会」荒井昌海

事務長
いない

いないメリットも多い

多院展開している法人より、単体の大型医院の方が、ある程度は事務長がいなくても院長がこなせるようだ。

「横領などの背任リスク」や、「院長と事務長がしっくりいっていないため、スタッフの定着率が下がる」などの心配もないなど、いないメリットも大きい。

ただし、診療やスタッフ教育に力を入れるためには、経理や給与計算は「会計事務所」、労務管理は「労務管理事務所」などにアウトソーシングしたり、院長の事務作業を軽減してくれる優秀な事務職を確保したりするなど、対策が必要になりそう。

【関連記事・書籍】
『アポロニア21』2013.03特集「歯科医院経営座談会─最適規模、スタッフ教育、設備投資の本音トーク」荒井昌海、砂盃清、島村泰行
『倒れる歯科医院3』堀尾芳裕（日本歯科新聞社）

Which do you choose? 4

保険の補綴

VS

自費の高額補綴

治療の正解答案として、また経営的にも魅力と期待された、フルマウスリコンストラクションなどの高額補綴。
その16人分の長期症例を経験した白石一男氏に、成否を考察してもらった。

白石氏は、咬合管理の症例を、長期にわたり保管。現在、これらのスライドは、ハードディスクに収められている。

茨城県開業
白石一男 氏

10年過ぎて見えてくるのは…

　若い頃は、自費補綴は経営面で魅力と考え、歯科医師主導のいわゆる「最終補綴物」を作ることに慢心していた。

　それが10年もすると口腔内の変化などによる再治療の必要が出始める。「高いお金を払って治療したんだから……」と、患者さんが優位となり、治療費やメインテナンスフィーを取りにくい関係で持ち出しも多くなり、精神的、金銭的ストレスを抱えることになった。

　長期的な視野で見ると、むしろ、補綴時の単価は安くても、保険診療で継続的に関わった方が、口腔内の変化に対応でき、互いの満足度も高く、ストレスがかかりにくいと考えるようになった。

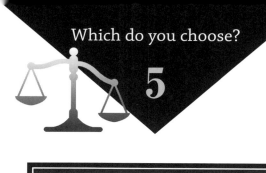

インプラント VS 自費ブリッジ

　適応の問題はさておき、「少なくとも収益上では、自費のブリッジよりインプラントの方が魅力だろう」と思える。そこに疑義を示す杉島康義氏に、その理由を述べてもらった。

神奈川県開業
杉島康義 氏

利益、回転効率を考えると…

例えば1歯欠損の場合、インプラントの治療費はメタルボンドよりも高額だが、ジルコニアと比べるとさほど変わりはない。ところがパーツが高額のため、コストが意外にかかる。利益はよくてほぼ同額で、インプラントの方が下回ることも**(次ページコラム参照)**。

補綴治療では、補綴物が納品されて初めて費用が発生し、請求は一般的に1カ月後(治療費をもらった後)。

これに対し、インプラント治療は、回収の見込みがなくてもあらかじめサイズや長さの異なるフィクスチャーを用意しておく必要がある。

在庫は経費として認められず、棚卸在庫のうち、特にインプラント関連については現状においても税制上

厳しく見られているので、経営の圧迫要因となりやすい。

また、少し視点を変えると、インプラント体そのものは生体防御機構を備えていないため、セルフケア前

自費ブリッジとインプラントのコストの比較 （1歯欠損の場合）

自費ブリッジ

●**メタルボンドの場合**

治療費24万～30万円、技工料は金属代を含め4.5万～7万円程度が相場なので、粗利は約20万円。

●**ジルコニアの場合**

治療費が30万～45万円、技工料は金属代を含め6万～9万円程度なので、粗利は25万～35万円程度。

技工料を直接的な原価と考えると、いずれも原価率20％前後。

インプラント

治療費の相場は30万～45万円（上部構造を含む）。これに対しコストは、インプラントメー

提の処置法ということになる。患者さんが高齢化し、ケアが困難になった場合のアフターケアの体制を整えようとすれば、そのためのコストも発生することになる。

カーや術式、検査法等によりかなり差が出るが、一例としては……。

　海外の大手メーカーの場合、フィクスチャーが1本4万円程度で、アバットメントは2万～4万円程度。専用バーは1回の手術で3～4本使うことが多く、トータルで2万～5万円（奨励される使用可能回数についてはインプラントやバーの種類によって異なる）。

　上部構造の技工料は通常の技工料と同額から1.5倍程度。ただし、これに1.5万～2万円程度のパーツ代が消耗品としてかかる。

　よってコストは、上部構造がメタルボンドの場合13万円程度、ジルコニアの場合14万円程度なので、粗利は20万～30万円程度、原価率は30～40％ということになる。

院内技工

VS

外注技工

　委託技工料は収益を大きく左右し、技術のレベルは医院の評判に直結する。歯科技工士の新規参入数は激減しており、定着率も低いため、深刻な歯科技工士不足が生じている。

　そんな中、デジタルデンティストリーの発展を追い風に、CAD/CAMのオペレーションを中心とする院内技工が広がりを見せている。院内技工と外注技工を比較する。

院内技工

> 長期的な視点が不可欠

今世紀に入り、工業的な大型ラボや、営業部門を一本化してネットワーク構築を図るラボが業績を伸ばした。

その一方で、歯科医院向けのCAD/CAMシステムの発展が、デジタル院内ラボの付加価値を急速に高めた。

● **主なメリット**

・作製、修正のスピードが速い
・印象の成否がその場で判断できる
・患者さんの要望や歯科医師の方針を反映しやすい
・繊細な色合わせができる

● **デメリット・リスク**

・技工室のスペースが割かれる
・設備投資の更新が早い
・歯科技工士の求人が困難な地域も

外注技工

価格か、質か

院内ラボを抱える経営的な余裕が失われ、外注技工が一般的となっている。

ラボ側では、安定受注のため、ネットを活用してワークシェアリングの試みがなされ、実現すれば、中小ラボでも、CAD/CAM関連の技工が受注できるようになる。

● **主なメリット**
・設備投資リスクを医院が抱え込む必要がない
・歯科技工に関わる人件費がかからない
・市場の競争による恩恵（価格、納期など）がある

● **デメリット・リスク**
・一定の納期が必要で、患者さんの要望にすぐ応えられない

- 直接、品質管理ができないので再製のリスクがある
- 支払い状況などにより取引停止となる可能性

歯科技工士雇用の新たな方向性

　スキャナーやCTなどのデータをインターネットでやり取りして歯科技工物を作製、流通させるデジタルデンティストリーの時代となっている。多くの場合、外注技工が前提になっており、海外のラボとのやり取りも増えている。

　遠隔でもチェアサイドとラボサイドの緊密な連携が行われ、歯科技工の省力化と高付加価値化が同時に達成されつつある。

　このような環境の下では、歯科医院側にも技工の専門職がいる方がコミュニケーションが容易なため、「技工操作をしない歯科技工士」への需要も出てきた。

マニュアル肯定派

VS

マニュアル消極派

　「院内の体制を安定させるためには、マニュアルが不可欠！」との強い声がある一方で、「むしろマニュアルは廃止すべきだ！」との声も。それぞれの現場からの声を紹介する。

マニュアル肯定派

> 責任の所在が明確

多院展開している法人では、「マニュアルに書いてあることはやるという若手が増えているため、マニュアルの存在は不可欠」とのこと。

誰が担当しても一定の質を担保できるため、経営の安定も期待できる。

法令遵守の原則にのっとって作成したマニュアルであれば、診療、人事労務に至るまで、トラブルが起きた際、

- **マニュアルに反すること**
  =担当者の責任
- **マニュアルに漏れがあること**
  =経営層の責任

といったように、責任の所在が明確になるのも大きな利点。

自主的に行動するように…

「多くの経営者は、マニュアルを作ればスタッフが自主的に動いてくれると考える。しかし現実は、マニュアルを渡したのにその通りにやらない、見てもくれないと、ストレスをためる結果になることがほとんど」という。

ある大型医院でマニュアルを廃止した結果、「指示待ちスタッフ」から、「自主的に考えて行動するスタッフ」への変化が見られたという。

自主的に考えて行動するようになると、細かい指示を出さなくても済むようになり、院長の発想以上のパフォーマンスにつながることも。

また、長い目で見て、マニュアルを通して医院の方針を伝えるより、新人に直接指導することで、院長や

先輩をリスペクトする心が生まれ、信頼関係が築かれることにつながるとの気持ちもあるようだ。

コラム 「マニュアルを使ってくれない！」

ありがちな患者対応のミスを防ぐため、また診療後の設備点検に便利と思い、マニュアルを作成して渡した院長。しかし、どれほど言ってもマニュアルを見て行動するスタッフは皆無。

そのくせ、患者さんの質問に答えられないスタッフを見て、日々、ストレスをためる院長。

そこで外部からのアドバイスを受け、スタッフ自らマニュアルを作らせることに。

するとスタッフは、若手らしく写真中心のマニュアルを作り、作る過程で工程の見直しもできたとのこと。

【関連記事】
『アポロニア21』2013.03特集「歯科医院経営座談会──最適規模、スタッフ教育、設備投資の本音トーク」荒井昌海、砂盃清、島村泰行
『アポロニア21』2015.07「院長夫人の出番です！──マニュアル廃止の効用」丹野祐子
『アポロニア21』2017.09特集「自分らしい医院のつくり方が分からない！」堀尾芳裕、水口真理子

Which do you choose? 8

ドクター 担当医制

VS

ドクター 担当なし

　ひとつの医院に複数のドクターがいる場合、担当医制にするのか、しないのか。それぞれの良し悪しについてまとめた。

ドクター担当医制

> 責任が成長につながる

歯科医師の評価を歩合にしている場合、必然的に担当医制となる。

● **主なメリット**
・診療方針や専門性の違いによって勤務医同士が対立する心配がない
・予後に問題が起きた際、責任の所在が明確
・一人の患者さんを責任持って診続けることで、歯科医師としての成長が望める

● **主なデメリット**
・担当医の勤務シフトにアポイントが制約される
・仮に退職した場合の引き継ぎが大変
・思い込みによる誤診が起きやすい

ドクター担当なし

患者さんにはプラス面を！

あえて担当医制にしていない法人もある。

● **主なメリット**

・特に若手の場合、別の歯科医師の目が入ることで医院全体の医療の質が担保される面もある
・チーム内で、専門特化した治療ができる
・急な勤務医の入れ代わりや病欠へのフォローもしやすい
・長期休暇が取りやすく、学会などにも参加しやすくなる

注意が必要なのは、「患者や院内情報共有の徹底」「院内情報の整備や、院内勉強会、ミーティングのシステム化」。

また、患者さんから見て、「ちゃんとした担当の先生がいなくて、いつ

もバラバラ」とマイナスに受け取られるか、「診療によって専門性の高い先生に診てもらえる！」とプラスに受け取られるかへの配慮は、特に成否を分けることになる。

「患者利益でいうと…」

神奈川県開業
後藤脩 氏

「140名のスタッフを抱えていた歯科の専門病院での8年の医局員経験」「開業以来、新人の歯科医師を40年教育した経験」から、原則、担当医制には反対。

例えばエンドにおいて、経験を積んだ歯科医師の目が入れば、保存不可能な歯牙を何回も治療してその結果抜歯になった……ということが避けられる。見落とされていた舌の小さながんが、担当を変えたら直ちに発見できたケースも多数経験している。

見る目を増やすことは、患者利益につながると考える。

【関連記事】
『アポロニア21』2010.08 特集「チーム医療を支える情報システム」後藤脩

Which do you choose?
9

ネット通販

VS

ディーラー

　当たり前のようにネットで物を買う時代となり、品質もある程度推し量れるようになってきた。上手なネット通販やディーラーとのつき合い方について考えてみる。

> **消耗品購入が妥当か**

中には質の低い物があるのも事実だが、「初期不良の物は、すぐに交換してくれるので、割り切っている」との声も。

● **主なメリット**

・コップやグローブなどの消耗品が安く買えることが多い
・到着までのスピードが速い
・海外から輸入したオリジナル製品が魅力

● **注意ポイント**

ただし、ネットを通して海外の器材を直接取り寄せる場合は、以下の点に注意すること。

・国内承認品であっても「未承認品」と同様の扱いになる
・仮に器材に不具合があっても、メーカーからの保証が受けられない

安売り光重合器のリスク！

　中国製の安いLED式光重合器が、ネットで1万円以下で買える時代。「要はLEDライトなんだから、何を使っても一緒だろう」という考え方が、安売り品購入の背景にあると見られる。

　しかし、その考え方はかなり危険。実際には、光重合レジン材料が未重合を起こす可能性があるからだ。

　通常、光重合レジン材料は、一定の波長域の光に反応するように作られている。この幅は青色LEDの範囲よりやや広く、先進国が作る「正規品」は、これに適合するように設計されている。

　具体的には、青色光と紫色光を組み合わせて特定の波長域に調整されているのだ。

　一見すると違いがわからないが、青色LEDしか搭載していない「青だけ品」では、材料所定の波長域をカバーできていないケースもあり、未重合が起こる可能性がある。

　自分が使っているLED光重合器が「青だけ品」かどうかは、付属品のサングラスを通して紙に光を当てるとおおよそわかる。仮に国内薬事未承認品を使った場合、

安全な光重合器の見分け方

付属のサングラスを介して紙にLED光重合器の光を当ててみる。2種類の光に分かれれば、「青だけ品」ではないとわかる。

保険診療に用いることはできないし、「青だけ品」で未重合による健康被害を起こした場合、違法改造車で交通事故を起こしたのと同等の責任が問われることになる。

『アポロニア21』2017.08特集「身近な器材のこんな特徴」豊山洋輔

良好なつき合いは財産に

　うまくいっている医院ほど、取引先から役立つ情報を得て、間接的に売上向上のサポートを受けていることが多い。通販に偏って、ディーラーとのつき合いが浅い医院は、知らずに貴重なサポートを逃していることもあるようだ。

　情報の生かし方次第で、経営の明暗を分けることもあるので、対ディーラーに限らず、取引先とのつき合いは、財産として大切にしたい。

● **主なメリット**

・器材の不具合が発生した際、すぐに飛んできてくれる
・優良な情報を早期に知らせてもらえることがある

● **主なデメリット**

・「なかなか持ってこない」「態度が悪

い」など対応の悪い担当に当たってしまうと、ストレスになることも
・「スタッフが辞めた」「患者が減ってる」などの情報が、周囲の医院に漏らされたり、悪質な場合、引き抜きの仲介になったりすることも

**取引先からは、
商品だけでなく情報も得られる**

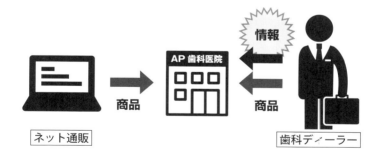

【関連記事】
『アポロニア21』2017.08特集「こんな器材のこんな特徴」豊山洋輔
『アポロニア21』2013.05特集「ディーラー営業覆面座談会」

勤務医 雇用契約

VS

勤務医 業務委託

　勤務医を雇用契約・業務委託のどちらにするのが望ましいかは、経験年数や専門などにも左右されるようだ。歩合の問題も含めて考えてみたい。

勤務医雇用契約

経験の浅いうちは…

臨床経験のないうちは、さまざまな技術やマネジメント手法を先輩や上司から教えられ、指示に従って行動する必要があるため、雇用契約となるのが通常と思われる。

給与は、歯科で従来から広く見られる歩合制ではなく、固定給が一般的。

「自費の勧め方が上手で、医院の自費売上に寄与してくれている」という場合、個々への評価は、賞与や昇給の査定に繁栄するのが望ましいようだ。

その際、今の時代の流れとしては、一定の評価基準を設け、認識を双方で共有することが大切。

勤務医業務委託

メリット、デメリットは…

一般的に業務委託の形を取るのが多いのが、非常勤の矯正。

または、勤務医が独立する前の段階として、「法人の下にいるものの、大幅な権限委譲を受けて業務委託契約で診療・医院運営を行う」という場合が想定できる。歩合給が一般的。

● **主なメリット**
・売上が上がらない場合、歩合の部分はお金を払わなくてもよい
・社会保険などへの加入が不要

● **主なデメリット・リスク**
・指示や監視が行き届かなくなり、コンプライアンス違反、不正請求や横領などが発生しやすくなる（トラブル予防のため「コンプライアンス要求」を契約時に取り交わしておくとよい）

コラム 勤務医は労働者？ 業務受託者？

ファストフード店の「店長」のように、店舗の運営を任されていると言っても、出退勤や日々の業務内容などについて本部から指揮命令を受けている場合、管理職という名目ではあるものの、労働者と見なすのが妥当で、強い法的保護を受ける。

一方、ショッピングモール内の期間限定店舗のように、経営側が場所を提供して、自由に営業してもらい、利益の一部を契約金として受け取る場合、業務受託者と見なすのが妥当で、法的保護は弱いものの、業務内容への指示命令はできない。「いつまでに」という納期のみが契約で示される。

違いは「使用従属性」の有無

※使用従属性：諾否の自由（仕事の依頼や業務の指示を拒めるか）、指揮監督の程度（日々の指揮命令を受けるか）、報酬の労務対償性（報酬が時間に比例して支払われるか、成果に比例して支払われるか）などで判断。

【関連記事】
『アポロニア21』2016.12特集「あなたの勤務医は労働者？ 業務受託者？」神内伸浩

歯科医師会 加入

VS

歯科医師会 加入せず

　歯科医師会に入るメリットは地域によって異なり、加入率も異なるのはご存じの通り。

　日本歯科新聞社のモニターを対象に2010年に行った調査や、聞き取りなどを基に、メリット・デメリットをまとめてみた。

歯科医師会加入

地域に貢献するのは当然

入会した理由は、「地域で活動するのだから、入会して地域に貢献するのは当然」「活動内容や主張に共感している」「当地域では、未入会だと材料店との取引も困難だから」「知り合いに勧められたから」「国に要望したり、国民に啓発したりするためには団体として取りまとめた方が有効で、存在意義がある」など。

● **主なメリット**

・診療報酬改定や個別指導などの情報が得られる
・親しい友人や仲間が出来て、困り事の相談に乗ってもらえる
・福祉・共済の恩恵が受けられる
・公共活動に参加できる
・事実上、歯科医師会の会員であることが要件の点数項目がある

- 個別指導の際、役員が帯同してくれる

● **主なデメリット**

- 時間が取られる
- お金がかかる
- 他団体への入会も勧められる
- 人づき合いが面倒
- 夜の会合が多いのが困る（特に女性）

● **会員個々の不満点**

- 共感できない活動にも参加しなければならない
- 役員が独断的で、理解に苦しむ運営をしている
- 学閥で理事や代議員などの選抜がある
- 思ったほどの利益がない
- 活動内容に魅力を感じない
- 当地域では、入会すると懐事情を知られてしまう

メリットが感じられない

入会しない理由は、「費用がかかる」「メリットがわからない」「診療等で忙しい」など。

個別指導に影響？

歯科医師会が保険制度に関する歯科医療現場の声を反映する役割を果たしているため、診療報酬改定や個別指導などの情報を得るのに役立つという側面が大きいようだ。保険医協会も、同じような役割を担っているが、地域によっては両方に属していて、複合的に情報を得る歯科医師も少なくない。

審査・支払いや、指導・監査と歯科医師会との間に直接的な関係はないはずだが、現在もなお、「歯科医師会を抜けた途端に、個別指導を受けた」という話が聞かれる。

Chapter 3 コンサルタント12人に聞いた成功院長の共通点

1. 伊藤日出男
2. 伊藤祐子
3. 岩渕龍正
4. 小畑　真
5. 小原啓子
6. 木村泰久
7. 今野賢二
8. 坪島秀樹
9. 鶴岡克人
10. 永山正人
11. 濵田真理子
12. 宮原秀三郎

ビジョンを設定し、打ち出し続けること

1 クレセル㈱ 伊藤日出男 | Itou Hideo

　医院経営コンサルティング、開業支援、ウェブサイト企画・制作・運営、社会と予防歯科をつなぐウェブサイト「コミュニケーション・ギア」運営。

歯科医院の成功とは？

　事業承継者を備えていること。単に患者数や収入の多寡を目的にするなら、視認性の高い立地を用意すれば経営は難しくありません。しかし、このレベルの成功は中短期的で、院長の体力の減少とともに失速し、最後は医院を廃業するか売却する結果になります。

　「院長の理念」「ビジョン」「患者さん」「情報」「信用」などの医院資産を承継する歯科医師がいることが、歯科医院経営の成功ではないでしょうか。

「成功院長」の特徴は？

　一般企業が存在意義と経営方針を社会に向けて発信している中、歯科界では目の前の患者さんを診療すること自体が社会的責任を果たすことと思われてきました。

　現在は、企業の福利厚生の一環として自費のメインテナンスの需要が伸びています。このような社会情勢を読み解く力があり、自院の存在にどういう意味があるか、ブレないビジョンを設定し、打ち出し続けられることが、院長としての成功ではないでしょうか。

スタッフともに「毎日仕事が楽しい！」

2 ㈱グランジュテ
伊藤祐子 | Itou Yuko

　幼少期をニューヨークで過ごし、東洋英和女学院大学卒業後、シンガポール航空CAとして勤務。スイス系プライベートバンク勤務を経て、医療法人理事として10年間歯科医療現場に携わったのち、コンサルタントとして独立。『アポロニア21』で「スタッフ問題のお悩み相談室」などを連載。著書に『歯科医院のための採用マニュアル・ツール集』（日本歯科新聞社）などがある。

歯科医院の成功とは？

　医院の規模や売上に関係なく、自分と家族が幸せであり、スタッフが医院や患者さんに興味を持ち、毎日イキイキと仕事をしていること。

　院長やスタッフが「毎日仕事に行くのが楽しい」と思える歯科医院こそ、真の成功だと思います。

「成功院長」の特徴は？

　スタッフへのねぎらいの言葉や感謝の心を忘れない先生という共通点があります。

　サプライズ上手で、スタッフに対するお楽しみ企画（予約の取れない人気店やスタッフには手の届かない高級店での食事など）を定期的に開催していたり、何かワクワクする企画をしたりしています。

　ES（スタッフサービス）が上がればCS（顧客サービス）は勝手に上がります。

院長、患者さん、スタッフが豊かな人生を送れること

3 経営戦略研究所㈱
岩渕龍正 | Iwabuchi Ryusei

㈱船井総合研究所に入社後、歯科医院経営活性化プロジェクトチームを立ち上げ、人脈・ノウハウ・経験なしの状態から、続々と地域一番医院を創り上げる。2005年、経営戦略研究所㈱代表取締役社長に就任。歯科医院の経営コンサルティング業務を行うとともに、歯科医院地域一番実践会を主宰。

著書：1万1,000部のベストセラー『歯科医院地域一番実践プロジェクト』『歯科医院スタッフ道＜第一章＞〜＜第三章＞』（デンタルダイヤモンド社）等。

歯科医院の成功とは？

① 院長がいなくても全く問題なく運営でき、院長がやりたい治療を思う存分やり、患者さんから高い満足を得られること。
② 院長だけでなく、勤務医、女性スタッフ、患者さん、医院に関わる全ての人が豊かな人生を送れること。

「成功院長」の特徴は？

　船井総合研究所の創業者・船井幸雄先生の言葉である「成功の３条件」＝「素直」「プラス発想」「勉強好き」に合致している先生。

アウトソーシング先とも
チームを組んで、良い循環

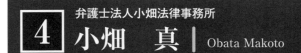

4 弁護士法人小畑法律事務所
小畑 真 | Obata Makoto

　15年の一般歯科臨床経験を持つ日本唯一の歯科医療に特化した弁護士として、歯科医院からの法律相談や、歯科大学・歯科衛生士学校、歯科学会などで講演を行っている。月額5,000円〜の歯科相談システムと会員限定メルマガも好評。著書『事例に学ぶ・歯科法律トラブルの傾向と対策』(日本歯科新聞社)。

歯科医院の成功とは?

院長、スタッフだけでなく、アウトソーシング先とも大きな意味でのチームを組んで、それぞれの得意分野に集中して充実した仕事を行うことで、より良い医療サービスを提供し続けられる環境を創造できるようになります。

そうすることで、その歯科医院に関わる全ての人に良い循環をもたらすことができるのが「成功医院」と考えます。

「成功院長」の特徴は?

① 目先の利益(数字)に捉われない
② 時代の流れを把握し、先読み力がある
③ 「縁」を大切にする

「三方(患者さん、組織、社会)良し」が理想

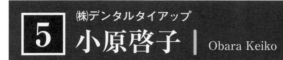

2007年に歯科専門の経営コンサルティング会社として設立。10年間に研修を受けた延べ人数はおよそ1万5,000人。直接コンサルを手がけた歯科医院は、連携を取って相乗効果で発展するのが特徴。著書:『はいしゃさんの仕事カイゼン術』『はいしゃさんの働き方改革』(医歯薬出版)等多数。

歯科医院の成功とは？

トップである院長の理念によって、ご自身の思いだけではなく、ステークホルダー（組織を支えてくださる全ての方々）とともに、地域社会のために貢献できることです。

どれだけ競合する歯科医院が多くとも、専門性が明確になれば互いに連携が取れ、その地域に最善を尽くす医療・予防・管理が志を持って提供できるのではないでしょうか。

「成功院長」の特徴は？

私たちは「理念による創造型経営」を推奨しているため、三方（患者さん、組織、社会）良しの考えで、バランス良く運営していただくことが一番重要と考えます。

また、経営戦略論学者チャンドラーの言葉にあるように、組織は戦略に従うため、戦略・戦術・戦闘レベルまでを全員で組み立てた後は、一人一人のスタッフを信じて権限委譲し、日々感謝の言葉を述べる院長が組織運営において成功しています。

院長が抱くイメージを実現できる

6 ㈱M&D医業経営研究所
木村泰久 | Kimura Yasuhisa

2003年創業。「常に本物のソリューションを提供する」を理念に、全国に約200件のクライアント医院を持つ。著書：『成功する歯科医院の戦略的リニューアルマニュアル』日本医療企画、他多数。日本歯科医師会『歯科医療白書 2013』執筆委員。（公社）日本医業経営コンサルタント協会歯科経営専門分科会委員。

歯科医院の成功とは?

「自分がいなくても回る医院づくりが目標で、毎年数回の海外旅行を楽しむ」「地域一番が目標でチェア21台の医院に成長」など、成功のイメージはいろいろあってよいと考えます。大事なのは、院長が抱くイメージを実現できることではないでしょうか。

「成功院長」の特徴は?

① 滅菌消毒にこだわる:院内感染防止対策を重視する。
② スタッフを大切にする:運動部のキャプテンのように民主的なリーダーシップを取る。
③ コンプライアンスを重視する:正しい保険請求や人事労務対策など、コンプライアンスを重視している。
④ 過剰な投資をしない:診療にこだわり、次々に新しい医療機器や設備などを購入する院長は要注意。
⑤ 情報をスタッフと共有する:朝礼や全体ミーティングを定期的に開くなど。

仕事を愛し、
幸福や富を独り占めしない

| 7 | MOCAL㈱「アウトソーシングサービス Mr.歯科事務長」
今野賢二 | Konno Kenji |

「歯科にマネジメントを!」をコンセプトに「Mr.歯科事務長」「歯科経営出版」を立ち上げ、歯科業界に「成功と幸福を両立させる経営実務と経営思想」を普及させることに努めている。

歯科医院の成功とは？

業績や収益面のほか、以下の3つがそろった成功を「繁栄」と考えています。
① その院長らしいオリジナルの成功であること
② 仕事を通して、やりがいや人格的な成長を伴うこと
③ 一緒に働くスタッフや顧客も成功の恩恵にあずかること

「成功院長」の特徴は？

歯科医師としての仕事を愛していること。目の前の問題に向き合い、経営者として必要な指示やコミュニケーション、経営判断をきちんと行っていること。

また、成功している院長には、利益や称賛などを自分が独占したいという「本能」を抑え、スタッフや顧客にも富や幸福を還元したいという価値観を持っている方が多いと感じます。

経営者として、当たり前のことが当たり前にできる！

8 ㈱だいのう
坪島秀樹 | Tsuboshima Hideki

　会計事務所で一般企業および医療機関を担当。2004年、歯科専門経営コンサルタントとして独立。歯科医院の開業指導は150件、コンサルティングは相談も含め400件を超える。経営に独自の視点から切り込み、問題点の抽出とアドバイスを得意とする。

歯科医院の成功とは？

　成功の指標としているのは、預金残高です。つまり、歯科医院経営を通じて、将来の出費（住宅、学費、老後）と、さらなるゆとりを持つに十分な預金を貯めているかということです。規模を大きくし、立派な設備を揃え、自分のやりたいことを成し遂げても、その結果としてキャッシュが残らなければ成功ではないと考えます。

　院長は、一人の事業家として歯科医療を通じた事業により財を成そうとする「歯科事業家」なのです。

「成功院長」の特徴は？

① 「歯科事業家」として一生をかける「覚悟」が決まっている（目的貫徹）
② 事業を通して何がやりたいかが明確（目標邁進）
③ 常にキャッシュのバランスを考え、キャッシュフローから経営を考える習慣ができている（選択最適）

　いずれも世の中の「事業家」としては至極当たり前であり、それを当たり前にできることこそが、成功院長の特徴と言えます。

教育システムがあり、任せられる

9 ㈱シーエイチアイ
鶴岡克人 | Tsuruoka Katsuhito

　2002年、外資系コンサルティング会社より独立。どんな医院でも成果を出すための「ノウハウの再現性」を追求し、さまざまなツールを開発。その全てをセミナーで公開している。

歯科医院の成功とは？

　大企業と違い、ほとんどの歯科医院は、経営の行く末と院長の人生が深くリンクしています。患者数が多く売上が多いことがベストとは決して言い切れません。

　大切なのは、院長自身が自分の人生をどう生きたいか。それが明確になって初めて、「そのために医院をどうすべきか？」が決まります。そこへ向かって進めることが医院の成長と考えます。

「成功院長」の特徴は？

　小さくても医院は組織なので、自分でできることには限界があると認められること。つまり、オペレーターを含め、「任せる」ことができる人。これができないとまず成長できません。

　一方で、任せっきりの院長もNG。自動的にスキルアップする人はいません。その人の能力を信じたいところですが、それは人によってまちまちなので、「教育システム」は絶対に必要。そこに気づいている院長は成功できます。

今後「学ぶ姿勢」と「愛」が医院に期待される

日本医業経営コンサルタント協会 会長
医療法人ファミリー会 名誉院長

10 永山正人 | Nagayama Masato

　認定登録 医業経営コンサルタント／歯学博士、商学博士。日本歯科大学生命学部客員教授、北海道医療大学歯学部客員教授、日本歯科医療管理学会元会長、(一社)日本病院会参与、(一財)医療関連サービス振興会理事、日本成人矯正歯科学会常任理事、日本歯科東洋医学会理事、日本アンチエイジング歯科学会常任理事、日本歯科医学会新歯科医療提供検討委員会委員長 等。

　著書：『歯科医療管理』医歯薬出版(共著)、『歯科診療所のマネジメント論』一世出版、他。

歯科医院の成功とは？

　どのような環境下（例えばコロナ禍、マイナス改定等々）でも、継続的に業績を伸ばしている歯科医院が成功医院と考えています。このような医院の院長は、環境を読む能力があり、コロナ禍の対応も含め医療の質、基本的な経営管理ができていると思います。

　つまり、「医療人、経営者として当たり前のことが当たり前のようにできている」「学ぶ姿勢と目に見えない愛を感じる」という医院です。

「成功院長」の特徴は？

　歯科医師にとっての成功とは、「自分の目的（目標）に自分の納得のいく形で達成すること」と考えています。したがって、人それぞれ目標が異なると思うので、いろいろな成功があると思います。今までお会いした成功していると思われる人の観察、さらに自分の経験則から言うと、成功と思える状態にするためには、「目標を持つこと」「憧れるくらいの師を持つこと」「心身ともに健康を維持増進する努力を惜しまないこと」が必要と感じます。

根本的な原因と
根気良く向き合える

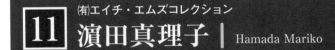

11 ㈲エイチ・エムズコレクション
濱田真理子 | Hamada Mariko

　1994年、企画・運営・人材開発の会社を設立。20年以上の経験を生かし、「スタッフ分野の売上アップ」と「仕組みづくり」に専念している。著書:『歯科医療接遇』『オーラルケアバイブル』(医学情報社)、『人材から人財へ育て上げる36の秘訣』『歯科医院経営を安定させたい院長へ77のアドバイス』(クインテッセンス出版)。

歯科医院の成功とは？

周囲がほしがるような歯科医院であること。継承もスムーズに進められることが多いと感じる。

「成功院長」の特徴は？

計画的で、流行に流されにくく、医院経営を俯瞰して広い視野で見ることができます。また、何かトラブルが発生しても、根本的な原因としっかり向き合うことができます。素直なので、専門家にアドバイスされるとその通りに忠実に取り組み、結果が出るまで諦めません。

例えば、即戦力を望んで技術研修を希望してきても、「その前に意識と知識を身に付ける研修が大事」と伝えると、こちらを信じて研修の機会をいただけます。

ゴールを定めて根気良く結果を見守るので、万が一失敗しても、軌道修正が正確で早いところも共通しています。

歯科医師として優秀、
信頼して任せられる

12 ㈱DBMコンサルティング
宮原秀三郎 | Miyahara Shuzaburo

　1999年、歯科専門のファイナンス会社から独立。個別医院での院内研修を担当する向玲子は、1年先までのアポイントがほぼ埋まっている。著書：『歯科医院を生かすお金のしくみ』『歯科医院を生かすお金のやりくり』(デンタルダイヤモンド社)、『競争激化する歯科医院の経営コンサルタントが書いたサービス組織論』(ギャラクシーブックス)ほか。

歯科医院の成功とは？

　これといったビジョンもなく開業したら、患者さんが大勢押しかけて繁盛したという医院もその時点では成功と言えますが、実際にはさまざまな問題があります。

　その問題の存在に①気づき、②原因を見いだし、③解決策を考え、④全員でその解決に取り組み、⑤結果を検証し、⑥さらに改善策を練るといった組織行動に移れるかどうかが、本当の成功に向かう分岐点となります。

　この改善活動を通して明確になるビジョンに「一流医療機関としての価値」「一流組織としての価値」の両方が兼ね備わること。それが成功への道だと考えています。

「成功院長」の特徴は？

　まず、歯科医師として優秀であることが第一。これは一流医療機関になるためのベースです。次に、スタッフが持っている能力を発掘し、その人を信頼して任せきれること。これは一流組織をつくるための第一歩です。常識に欠け、偏屈者と言われるような院長でも、この2点が秀でていれば「成功院長」になっています。

本書作成に当たり、さまざまな先生方にご教示・ご執筆いただきました。深く感謝申し上げます。

スペシャルサンクス (敬称略)

【2章】

荒井　昌海	医療法人社団翔舞会 エムズ歯科クリニック
砂盃　清	医療法人尚歯会 いさはい歯科医院
加納　豊彦	加納税務会計事務所
黒嵜　隆	弁護士法人フロンティア法律事務所
黒田めぐみ	エムイー行政書士事務所
後藤　脩	医療法人社団オリエント 後藤歯科医院
島村　泰行	手広デンタルクリニック
白石　一男	白石歯科医院
神内　伸浩	神内法律事務所
杉島　康義	杉島デンタルオフィス
豊山　洋輔	医療法人POO-TH 聖母歯科医院

【3章】

伊藤日出男	クレセル㈱
伊藤　祐子	㈱グランジュテ
岩渕　龍正	経営戦略研究所㈱
小畑　真	弁護士法人小畑法律事務所
小原　啓子	㈱デンタルタイアップ
木村　泰久	㈱M&D医業経営研究所
今野　賢二	MOCAL㈱
坪島　秀樹	㈱だいのう
鶴岡　克人	㈱シーエイチアイ
永山　正人	医療法人ファミリー会
濱田真理子	㈲エイチ・エムズコレクション
宮原秀三郎	㈱DBMコンサルティング

歯科医院のラクわかり経営学
院長、スタッフ、患者さんも快適！

- ■ 編 著　『アポロニア21』編集部
- ■ イラスト　電肉ぼうや
- ■ 発 行　2018年6月18日　初版
  　　　　　2020年12月1日　第2版
- ■ 発行者　水野純治
- ■ 発行所　株式会社 日本歯科新聞社
  　　　　　〒101-0061　東京都千代田区神田三崎町2-15-2
  　　　　　Tel 03-3234-2475／Fax 03-3234-2477
- ■ 印 刷　株式会社 平河工業社

※乱丁・落丁本はお取替えいたします。　　※本書内容の無断転載を禁じます。